Tracing Books for Kids Ages 3-5
Super Fun Edition

SPEEDY
PUBLISHING

Speedy Publishing LLC
40 E. Main St. #1156
Newark, DE 19711
www.speedypublishing.com

Letters

a a a a a a a

a n n n n n n

a

b b b b b b b

b r r r r r r

b

Dd

e e e e e e

e ə ə ə ə ə ə

e

f f f f f f f

f f f f f f f

f

G g

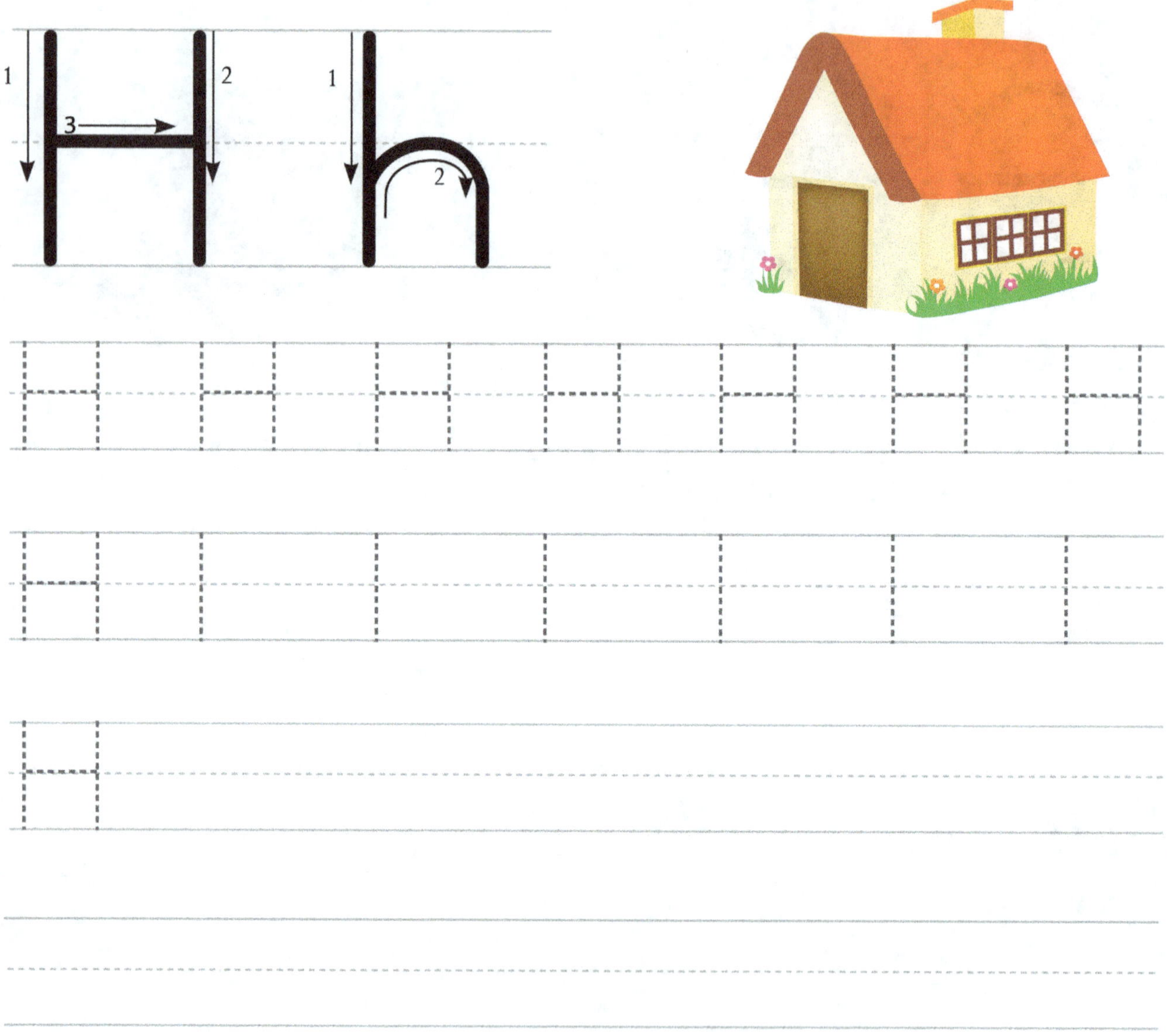

g g g g g g g
g r r r r r r
g

h h h h h h h
h r r r r r r
h

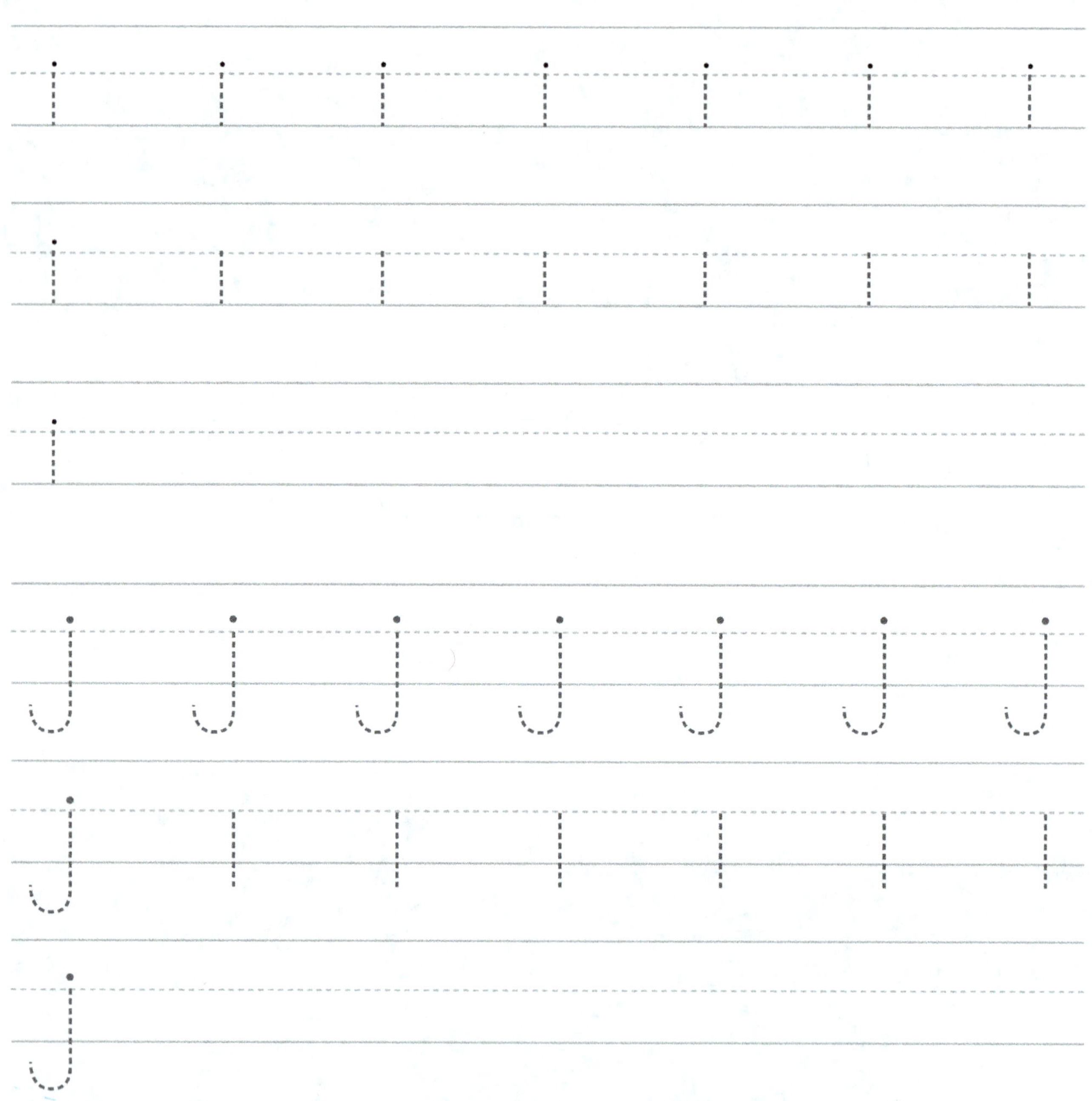

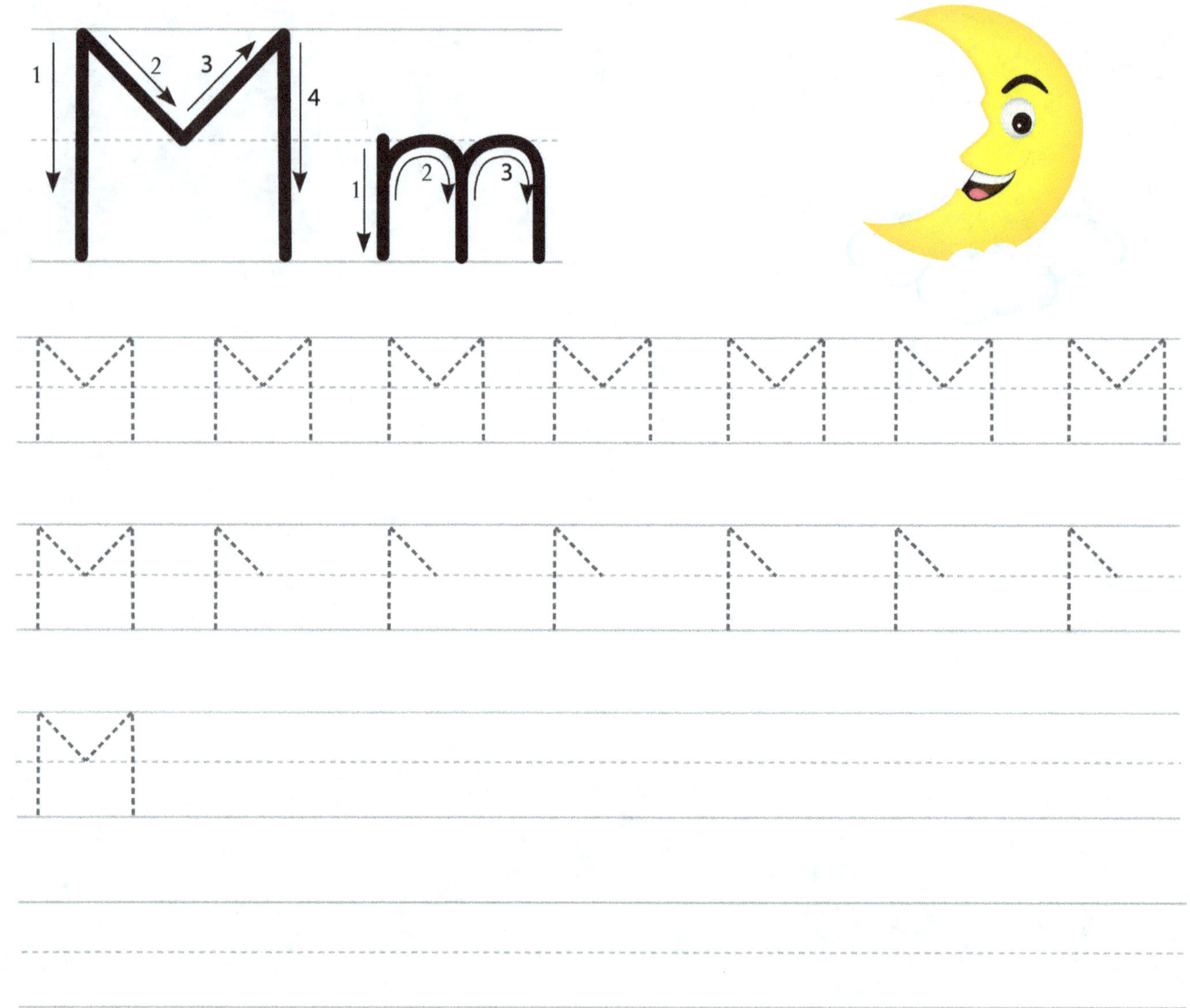

o o o o o o o

o r r r r r r

o

p p p p p p p

p r r r r r r

p

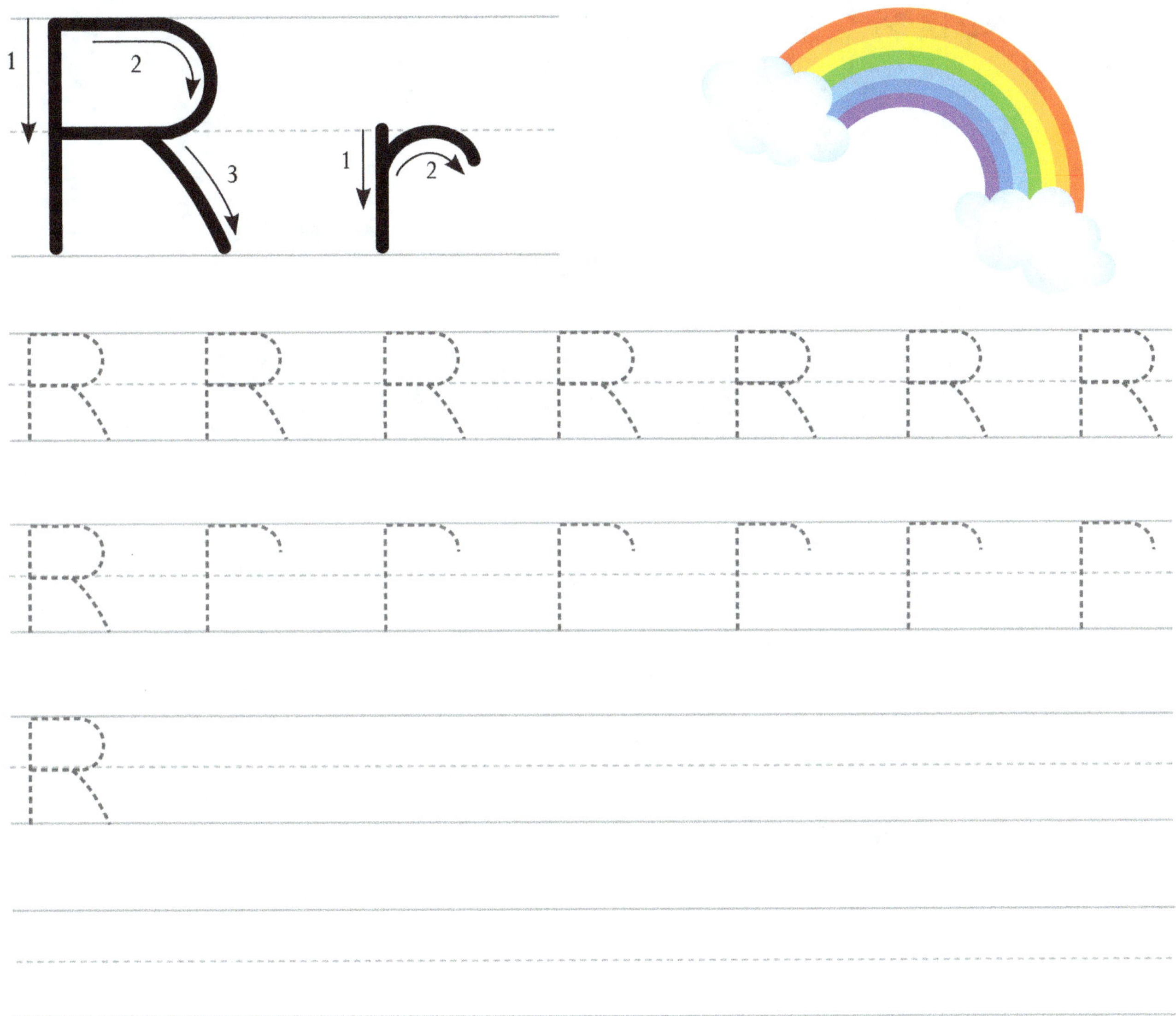

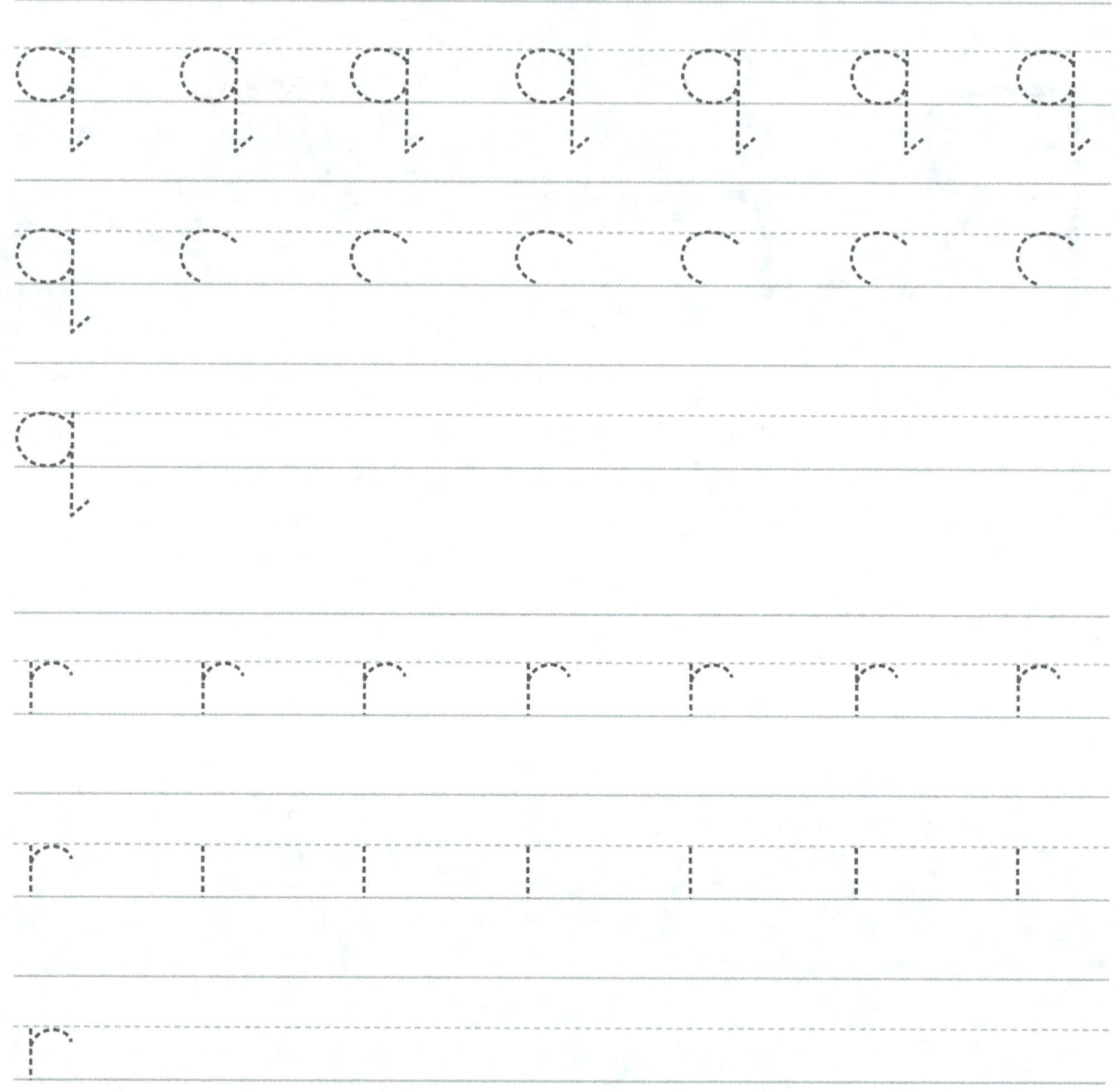

S S S S S S S

S c c c c c c

S

t t t t t t t

t t t t t t t

t

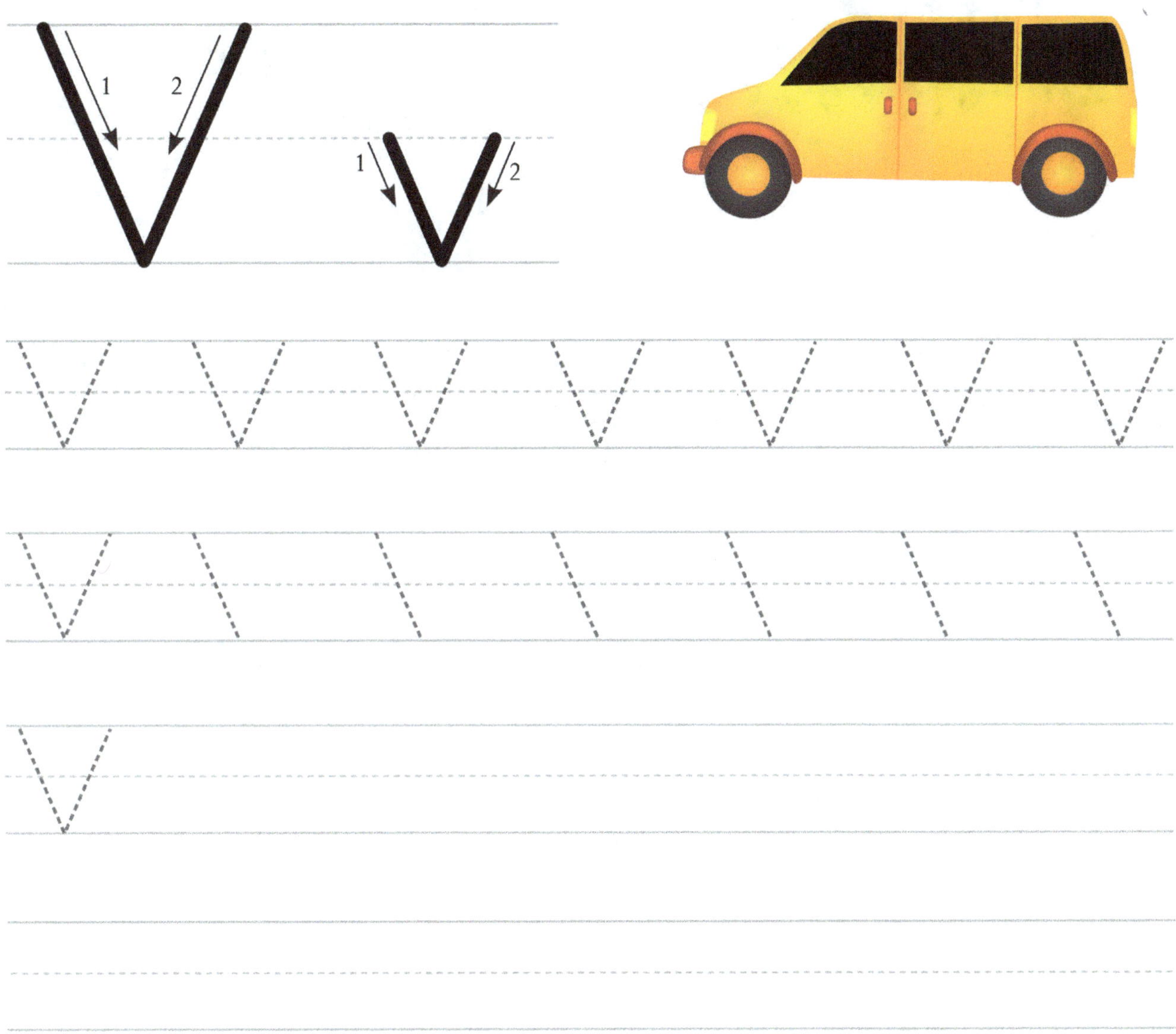

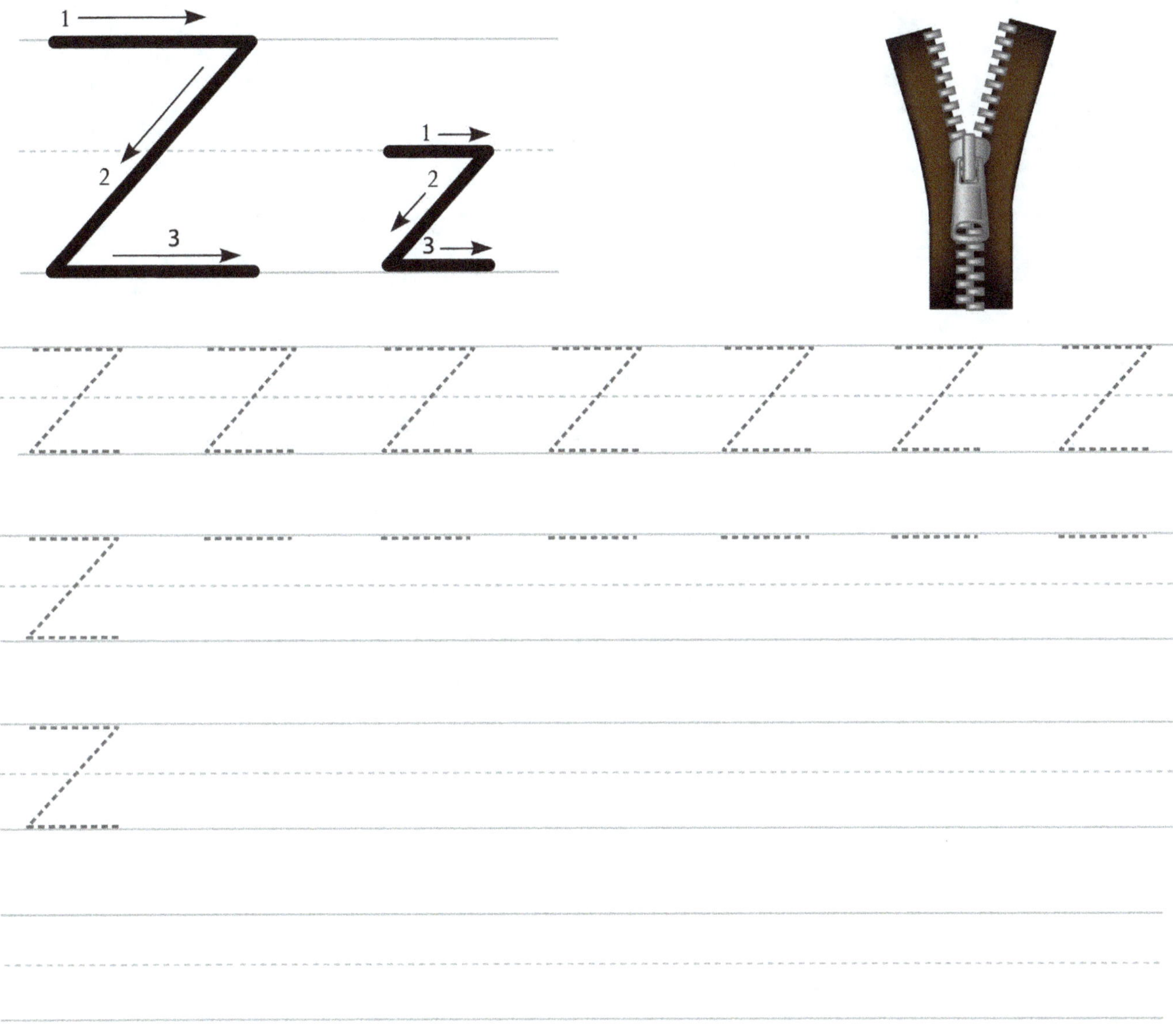

Numbers

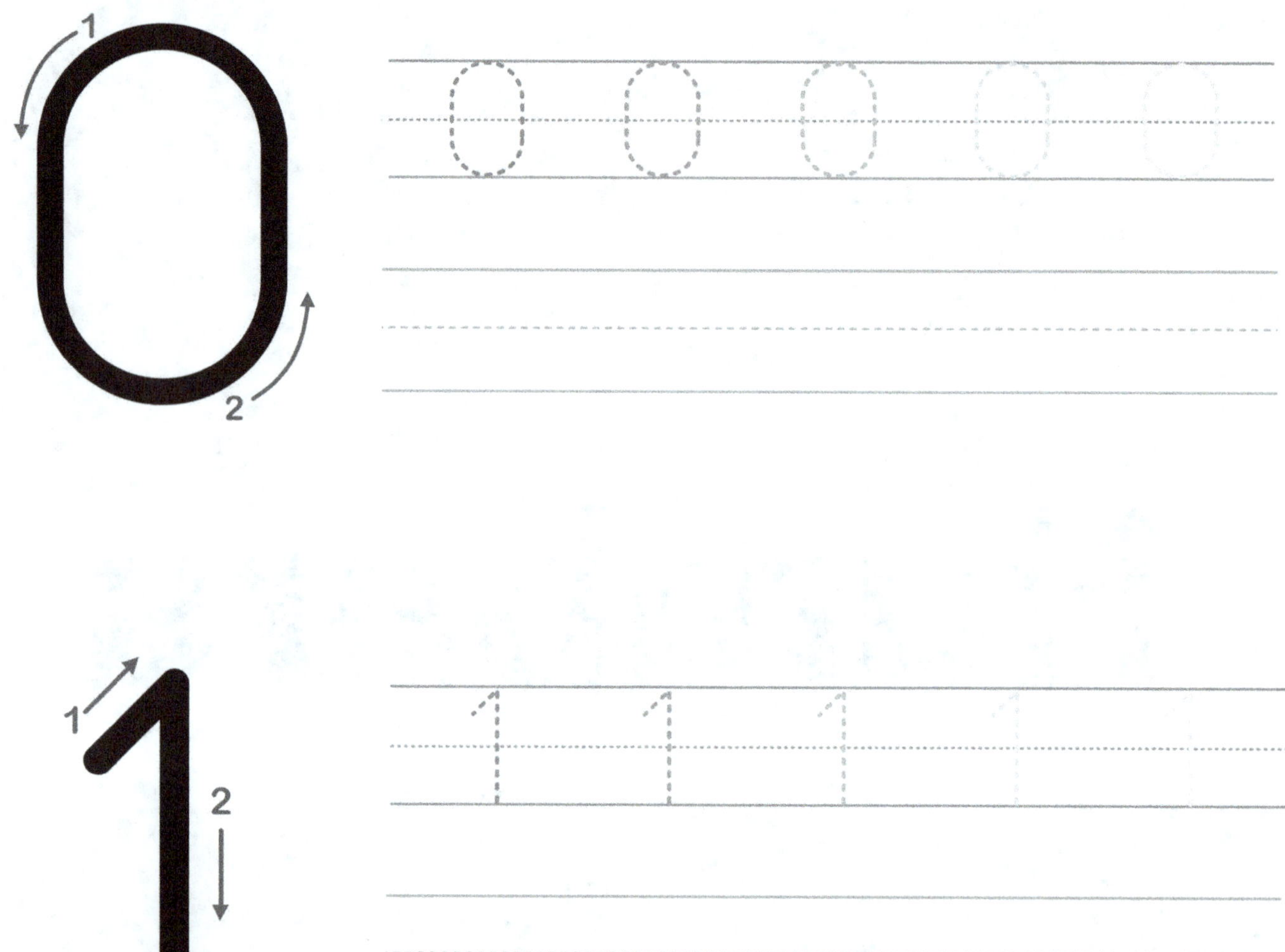

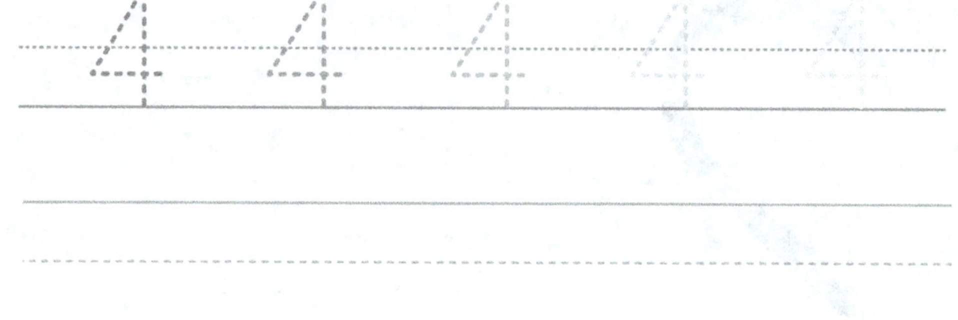

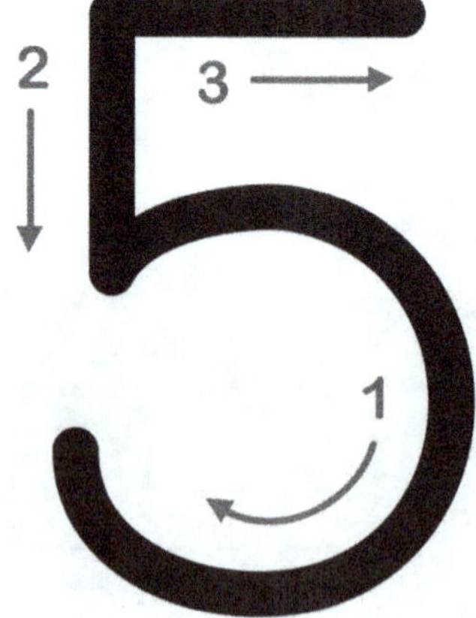

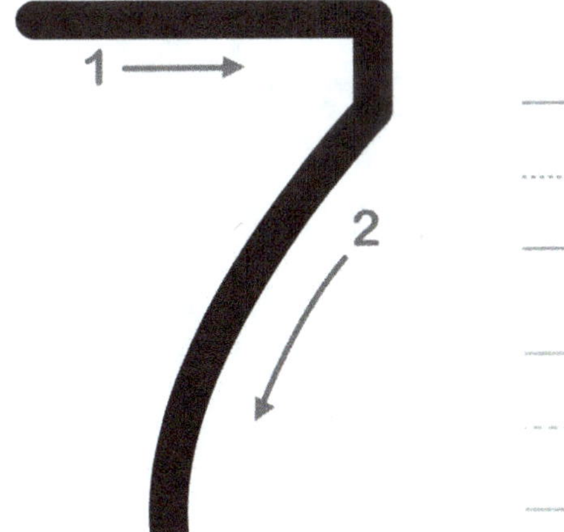

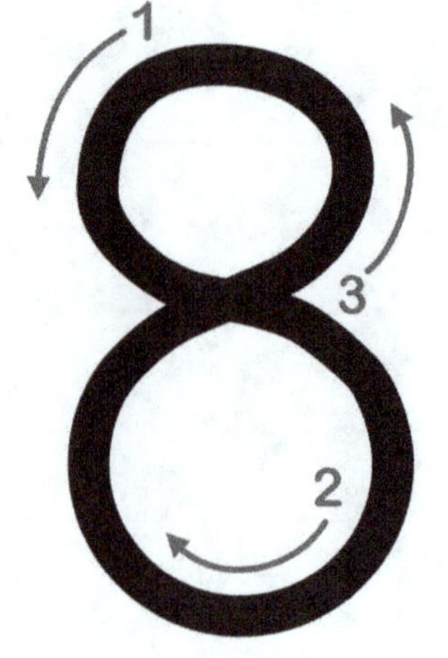

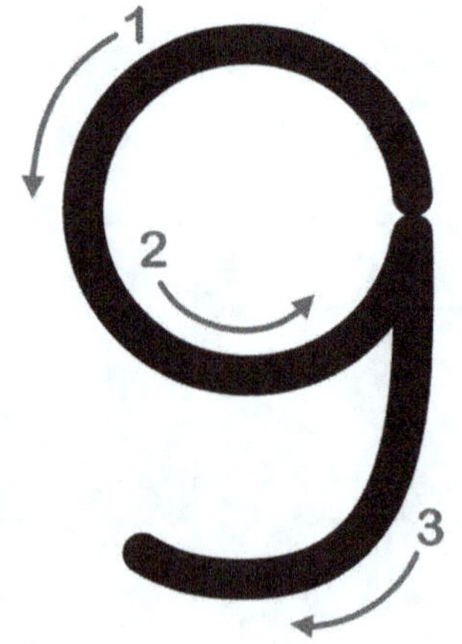

Extra sheet for practice tracing